L Heine

Physiologisch-anatomische Untersuchungen über die

Accommodation des Vogelauges

L Heine

Physiologisch-anatomische Untersuchungen über die Accommodation des Vogelauges

ISBN/EAN: 9783743376069

Hergestellt in Europa, USA, Kanada, Australien, Japan

Cover: Foto ©berggeist007 / pixelio.de

Manufactured and distributed by brebook publishing software (www.brebook.com)

L Heine

Physiologisch-anatomische Untersuchungen über die Accommodation des Vogelauges

Physiologisch-anatomische Untersuchungen

über die

Accommodation des Vogelauges.

Habilitationsschrift

zur

Erlangung der Venia legendi in der Augenheilkunde

mit Genehmigung der hohen medicinischen Fakultät

zu Marburg i. H

gedruckt im Sommersemester 1893.

Von

Dr. L. Heine

I. Assistenten an der Klinik zu Marburg.

Mit 3 Tafeln und 6 Figuren im Text.

Leipzig

Wilhelm Engelmann

1898.

Veröffentlicht
in „v. Graefe's Archiv für Ophthalmologie",
XLV. Band, 3. Abthlg.

Physiologisch-anatomische Untersuchungen

über die

Accommodation des Vogelauges.

Habilitationsschrift

zur

Erlangung der Venia legendi in der Augenheilkunde

mit Genehmigung der hohen medicinischen Fakultät

zu Marburg i. H.

gedruckt im Sommersemester 1898.

Von

Dr. L. Heine

I. Assistenten an der Klinik zu Marburg.

Mit 3 Tafeln und 6 Figuren im Text.

Leipzig

Wilhelm Engelmann

1898.

Veröffentlicht
in „v. Graefe's Archiv für Ophthalmologie",
XLV. Band. 3. Abthlg.

„Wir würden am Besten über den ganzen Vorgang der Accommodation eine definitive Vorstellung erlangen, wenn sich Durchschnitte in situ vom accommodirten sowie ruhenden Auge gewinnen liessen. Leider gelang es aber nicht, auch nur von einer dieser Phasen einen Durchschnitt zu erhalten."

Dieser Satz findet sich in der „Experimentaluntersuchung über die Mechanik der Accommodation" von Hensen und Völckers (Kiel 68). Bisher ist dieser Wunsch anscheinend unerfüllt geblieben. Auf einen Versuch L. Müller's, das menschliche Auge in der Accommodation zu fixiren, werde ich unten genauer zu sprechen kommen.

Da einerseits menschliches Material sehr schwer so frisch zu erhalten ist, die Augen der Säugethiere aber nach den an anderer Stelle mitzutheilenden Versuchen von Hess und mir nur eine ganz rudimentäre Accommodation besitzen, so versuchte ich es mit den Vögeln.

I. Accommodationsmechanismus des Taubenauges.

Nach den Untersuchungen von Beer (Pflüger's Arch. 53. 175) ist der Accommodationsmechanismus bei den Vögeln im Princip derselbe wie bei den Menschen nach der Theorie von v. Helmholtz.

Etwas modificirt wird der Mechanismus dadurch, dass

die aus zwei gegeneinander verschieblichen Lamellen bestehende Cornea bei einigen Vögeln bei der Accommodation ihre Krümmung ändert, derart, dass durch den Muskelzug die Peripherie abgeflacht, die Mitte dadurch stärker gekrümmt wird. Somit kann man nicht von einem Punct. fix. des Accommodationsmuskels im strengen Sinne reden, wie man es nach der v. Helmholtz'schen Theorie beim Menschen thut, denn das vordere Ende des Accommodationsmuskels rückt, wie eingestochene Nadeln lehren[1]), etwas nach hinten; trotzdem hoffe ich, beweisen zu können, dass die Hauptaufgabe des Muskels die ist, die Ora serrata, bezw. die entsprechende Stelle der Chorioidea, nach vorn zu ziehen und somit eine Erschlaffung der Zonula herbei zu führen. Beer legt viel Werth auf das Ligament. pect. Er hält dieses für das Spannungsband der Linse. Meine Präparate geben dafür keinen Anhalt. Ich glaube, dass dieses „Band" in keiner nennenswerthen Weise gestaltsverändernd auf die Linse einwirken kann. Vielmehr fällt nach meiner Meinung der sehr gut ausgebildeten Zonula dieselbe Rolle zu, wie auch im menschlichen Auge.

Ich denke, man braucht nur die Figg. II u. III (Taf. II) zu vergleichen, um zu finden, dass dem „Lig." pect. (Fontana's Balkenraum) diese Function nicht zukommen kann. Beer's Thierexperimente scheinen mir in dieser Beziehung nicht ganz einwandsfrei. Beer durchtrennte rings herum das Lig. pect., um die Linse zu entspannen, er fand danach aber keine Myopie. Auf S. 229 sagt er: „Nach Durchtrennung des Ligament. pect, während der Reizung änderte sich jetzt nichts an dem Verhalten der vorderen Linsen-

---

[1]) Th. Beer, l. c. S. 209: „Bei einem Waldkauz stach ich 2 mm vom Rande der Hornhaut eine lange, dünne Nadel durch dieselbe, so dass die Nadelspitze ein wenig in die vordere Kammer hinein ragte; wurde gereizt, so bewegte sich das äussere Ende der Nadel gegen das vordere Ende der Augenachse".

bildchen," dem gegenüber kann ich mich nicht dem Bedenken verschliessen, dass bei dem Eingriff der Accommodationsmuskel oder die Zonula selbst Schaden gelitten haben könnte.

Auch einer functionellen Trennung von Musculus Cramptonianus und Tensor Chor. kann ich nach meinen anatomischen Befunden nicht zustimmen. Bei den Erklärungen der Abbildungen werde ich hierauf zurückkommen (s. S. 20). Hier möchte ich nur aussprechen, dass ich die ganze innere Augenmuskulatur (abgesehen von der Iris) für eine functionelle Einheit halte, deren Aufgabe es ist, die Entfernung zwischen Corneoskleralgrenze und Ora serrata (als Ursprungsstelle der Zonula) zu verkleinern und dadurch die Zonula zu entspannen. Dann kann die freigewordene Linse ihrer Elastizität folgen. Da nun Corpus ciliare und processus ciliares, wie mir gebleichte mikroskopische Schnitte gezeigt haben, selbst muskellos sind, und da auch die Iris die Form der Linse nicht zu beeinflussen scheint, so kann die accommodative Gestaltsveränderung der Linse nur durch den Accommodationsmuskel geschehen. Die Frage ist nun: Geschieht dies durch Anspannung der Zonula während der Accommodation (nach Schön und Tscherning), oder durch Entspannung (nach v. Helmholtz).

Ich glaube, ein Studium der beigegebenen Abbildungen wird zeigen, dass die Muskulatur unmöglich im Sinne Tscherning's oder Schön's an der Zonula ziehen kann.

Könnte man beim menschlichen Auge noch zweifeln, welche Function des Muskels man sich aus den anatomischen Verhältnissen allein zu construiren hat, so scheint mir für das Vogelauge schon nach der anatomischen Betrachtung ein Zweifel fast völlig ausgeschlossen. Ein Studium der Verhältnisse des contrahirten Muskels wird das, denke ich, noch anschaulicher machen.

II. Accommodationsbreite des Taubenauges bei elektrischer Reizung.

Konnte man nach den Untersuchungen von Beer beim Vogel auch ein gutes Accommodationsvermögen vermuthen, so war doch über die mögliche Grösse dieser Leistung d. i. über eine Accommodationsbreite noch nichts bekannt. Beer hat die Linsenbildchen bei directer elektrischer Reizung des Ciliarmuskels beobachtet. Er erkannte, dass die vordere Linsenfläche dabei weit stärker gewölbt wird. Er schloss hieraus auf accommodative Refractionsveränderung des Auges. War dies auch wahrscheinlich, so war doch noch nicht sicher nachgewiesen, dass sich die Refraction wirklich ändert und um wie viel sie sich ändert. Durchschneidung des Lig. pect. bewirkte ein Zusammenrücken der vorderen Linsenbildchen. Dadurch aber Myopie zu erzeugen, ist Beer nicht gelungen.

Zu diesem Zwecke habe ich viele junge und ältere Tauben untersucht, ferner zwei Segler (Cypselus apus) und zwei Sperber (Astur nisus). In einem zweckmässig construirten Thierhalter[1] (siehe Abbildung Fig. 1 und Anmerkung) wurde das Thier fixirt, so dass der Kopf und damit die Augen kaum um Millimeter bewegt werden konnten. Ist der Kopf gut fixirt, so können die Augen — abgesehen von Rotationsbewegungen — nur äusserst geringe Excursionen machen, da sie ziemlich fest in der Orbita sitzen, und ja überhaupt Aenderungen der Blick-

---

[1] Fig. 1 stellt den vom Mechaniker des physiologischen Institutes, Herrn Rinck, nach Muster des Hofmeister'schen Kaninchenhalters hergestellten Taubenhalter dar. Das Thier wird in ein Handtuch eingerollt in den Trog eingebunden. Dann wird der Kopf in die Gabel genommen und seitlich durch die Backenhalter fixirt. Der Schnabel wird durch den Ring gesteckt, event. auch durch die auf dem Bilde unten neben dem Trog liegende Klemme fixirt.

richtung bei diesen Thieren mehr durch Bewegungen des ganzen Kopfes hervorgerufen werden. Dann wurden die Lider resecirt, rechts und links, bezw. vorn und hinten in die Corneoskleralgrenze kleine Hakenelektroden eingehakt. Nun wurde faradisch gereizt. Es ist gleichgültig, ob man die Elektroden in der beschriebenen Weise oder oben und unten eingesetzt, oder ob man sie auch nur nasal und temporal vom Bulbus in die nach der Resection der Lider

Fig. 1.

entstandenen Wunden einhängt. Selbstverständlich muss man sich vergewissern, dass jede Zerrung am Bulbus vermieden wird.

Die gewöhnliche Refraction ist eine geringe Hyperopie von 1 bis 2 D. Oft beträgt die Hyperopie nur 0.5 D, selten +3 bis 4 D.

Skiaskopirt wurde stets aus der Entfernung von $1/2$ m. Das Licht wurde aus einer Entfernung von ca. 66 cm in das Auge geworfen mit Hilfe eines Concavspiegels von 16 cm Brennweite. Das Thier sass in seinem Halter dicht hinter den Gläsern des Hess-schen Skiaskops, so dass das Auge höchstens 1 cm vom Glase entfernt war. Es wurde nun die Refraction bestimmt, dann wurden die Liderresecirt und constatirt, dass die Refraction dieselbe geblieben war. Waren dann auch die feinen Hakenelektroden, wie oben angegeben, eingesetzt, so wurde nochmals die Refraction controlirt. Die Hakenelektroden standen in Verbindung mit der secundären Spirale eines Du Bois-Reymond'schen Schlittenapparates, dessen primärer, von einem Chromsäuretauchelement gelieferter Strom vom Beobachter selbst bequem durch Schlüssel geöffnet und geschlossen werden konnte.

Reizt man faradisch, so erhält man neben hochgradiger Miose eine Myopie bis zu 10 ja 12 D.

Man braucht hierzu ziemlich starke Ströme. Am Schlittenapparat mussten die Rollen theilweise übereinander stehen. Die Erkennung der Schattenbewegung ist für Ungeübte recht schwierig; gleichwohl war es mir nach einiger Uebung oft mit voller Sicherheit möglich, trotz der Miose und trotz der verkleinernden Wirkung der starken Concavgläser noch den Schattenumschlag bei — 12,0 D zu erkennen, während der Schatten bei — 10,0 noch mit ging. Die Refraction betrug dann also skiaskopisch: — 12 bis — 13 D. Die Gläser des Skiaskops befanden sich so dicht vor dem Auge der Taube, dass der dioptrische Fehler nicht sehr beträchtlich ist. Auffallend war, dass bei den Tauben kaum jemals spontanes Accommodiren beobachtet werden konnte, während zwei junge Sperber sofort ihren Gegner durch die Skiaskopgläser hindurch aufs Korn nahmen und 3, 6 und 7 D accommodirten. Die bei elektrischer Reizung auftretende Myopie wurde nicht etwa dadurch nur vorgetäuscht, dass nach eingetretener Miose andere Linsenparthieen skiaskopirt wurden als vorher, denn nachdem bereits stärkste Miose eingetreten war, blieb die Refraction noch kurze Zeit dieselbe, nahm dann aber schnell zu. Es eilte also die Pupillencontraction der Accommodation deutlich voraus. Wurde dann die Reizung unterbrochen, so erweiterte sich die Pupille schneller als die Refraction abnahm.

III. Künstlicher Astigmatismus des Taubenauges durch elektrische Reizung.

Legte ich beide Elektroden dicht neben einander unten an den Bulbus, so konnte bisweilen ein Astigmatismus, zumeist ein inverser myopischer Astigmatismus von 3—6 D und mehr beobachtet werden. Es erklärt sich dies vielleicht durch eine Contraction nur der unteren Parthieen des Ciliarmuskels in (sagittal=) temporal-nasaler Richtung; man darf sich vielleicht vorstellen, dass dadurch die Krümmung der Cornea horizontal zunehmen, vertical abnehmen muss.

Bei glücklicher Versuchsanordnung liess sich thatsächlich öfters nachweisen, dass, wenn vorher Emmetropie bestand, nach der localen Reizung der unteren Parthie des Accommodationsmuskels $\frac{+3}{3}$ auftrat[1]. (S. u.)

Es handelt sich demnach wahrscheinlichst um Corneal-

---

[1]) An einem Taubenauge, welches ich durch locale elektrische Reizung astigmatisch machen konnte, gelang es mir auch, die charakteristische Verziehung der keratoskopischen Spiegelfigur zu erkennen. Herr Prof. Hess und mein College Herr Dr. Treutler waren so freundlich, diese Befunde zu controliren. Mit einer + Figur pflegen wir in unserem klinischen und poliklinischen Journale die mit dem Skiaskop erhobenen Befunde einzutragen. Eine neben dem horizontalen Schenkel geschriebene Zahl bedeutet die Refraction im horizontalen Meridian, eine neben den verticalen Schenkel geschriebene jene im verticalen (in Dioptrieen). Ist kein Astigmatismus vorhanden, so schreiben wir z. B. $\underset{+3,0}{+}$. Einen horizontalen hyperopischen Astigmatismus bei verticaler Emmetropie schreiben wir $\underset{+2,0}{\overset{E}{+}}$. Stehen bei einem verticalen myopischen Astig-

astigmatismus, bedingt durch ungleichmässige Accommodationsmuskel-Contraction.

Dass die (sphärische) Accommodation des Taubenauges nicht, oder doch nicht wesentlich, durch Veränderung der Cornealkrümmung bewirkt wird, sondern dass hier die Gestaltsveränderung der Linse das ausschlaggebende ist, davon überzeugte ich mich auch mit Hilfe des Schöler-Mandelstamm'schen Cornealmikroskops. Bei zehnfacher Vergrösserung standen die Cornealreflexe zweier elektrischer Glühlämpchen 1,3 mm von einander entfernt (13 Theilstriche des Ocularmikrometers). Die hinteren Linsenbildchen standen 1,2, die vorderen 2,5 mm von einander. Bei elektrischer Reizung gingen letztere bis auf 1,8 mm zusammen, während Cornealreflexe sowie hintere Linsenbildchen ihre Distanz nicht erkenntlich veränderten. Dass ein nennenswerther Cornealastigmatismus hierbei entsteht, ist nicht zu erwarten, da die Elektroden, wie oben angegeben, zu beiden Seiten des Bulbus liegen und nicht, wie bei Erzeugung von Cornealastigmatismus, dicht neben einander. Es muss also bei der Accommodation eine bedeutende Krümmungszunahme der vorderen — vielleicht auch eine geringe der hinteren — Linsenfläche stattfinden.

IV. Einfluss der Miotica und Mydriatica auf das Taubenauge.

Nachdem ich mich so durch eigene Experimente überzeugt hatte, dass bei Tauben eine durch Gestaltsverände-

matismus von 2 D die Achsen jederseits aussen 30° unter dem Horizont, so schreiben wir

```
            \|   E        E   |
       a.    \|   i        i   ↘    a.
      30°{   ↙                      }30°

             —2,0       —2,0
             R. A.       L. A.
```

rung der Linse bedingte Accommodation von 10 bis 12 D stattfinden kann, suchte ich nach einem Alkaloid, welches mir diesen Zustand zum Zwecke der Fixirung hervorrufen sollte. H. Meyer[1]) hat in einer Arbeit „über einige pharmacologische Reactionen der Vögel- und Reptilieniris" verschiedene Alkaloide und andere chemische Körper auf ihre Wirkung auf die Pupille hin untersucht. Dankenswerther Weise stellte mir Herr Prof. Meyer die Stoffe freundlichst zur Verfügung, um ihre Wirkung auf die Refraction zu prüfen.

Ich fand, dass sämmtliche Miotica zugleich auch mehr oder minder intensiv die Refraction beeinflussten. Die durch Miotica hervorgerufene Accommodation liess sich zum Unterschied von der durch elektrische Reizung bewirkten meist nur bis zu 7 oder 8 D verfolgen. Dann war aber in der Regel schon so hochgradige Miose eingetreten, dass nicht weiter skiaskopirt werden konnte.

Als Accommodationskrampfgifte hebe ich hervor: Nicotin, Tetramethylammoniumjodid, Hydrastinin, Coniin, Monobromallylheurin, Trimethylaminaethylenchlorid.

Was die Mydriatica betrifft, so kann ich zu H. Meyer's Resultaten betr. der Iris noch Folgendes hinzufügen.

Curare bewirkt Mydriasis vielleicht nicht nur durch Lähmung der peripheren motorischen Nervenendigungen, sondern möglicher Weise auch durch directe Muskellähmung, denn die directe elektrische Reizung bleibt erfolglos.

Auch die Accommodation wird in analoger Weise beeinflusst.

Cotarnin wirkt auf Pupille wie Accommodation ebenso wie Curare, nur etwas schwächer.

Spartein bewirkt Mydriasis. Nach H. Meyer ist diese Wirkung als Dilatatorreizung aufzufassen; nach meinen

---

[1] Arch. f. exp. Pathol. u. Pharm. 1893. S. 101.

Versuchen scheint aber doch sehr bald auch eine Lähmung des Sphincter pupillae, sowie des Accommodationsmuskels einzutreten, da die elektrische Reizung ohne Erfolg bleibt. Bisweilen gelang es mir indess, mit Hilfe dieses Mittels bei weiter Pupille durch elektrische Reizung noch Accommodation von ca. 7 D hervorzurufen.

Die Digitalisgifte (z. B. Strophantin, Digitalin, Helleborin), die den Sphincter pupillae zuerst in Krampf, dann in wochenlange Lähmung versetzen, wirken auf den Accommodationsapparat genau so. Zuerst entsteht ein Accommodationskrampf, begleitet von Miosis, für $1_2 - 1$ St., dann Pupillen- und Accommodationslähmung für stärkste elektrische Ströme.

H. Meyer spricht eingehend über den Antagonismus der Irismuskulatur.

Seine Untersuchungen sind hauptsächlich an Haustauben gemacht.

Nun findet sich aber bei Canfield[1]), der die verschiedensten Vogeliriden untersucht hat, die Bemerkung, dass er nur bei der weissen Taube überhaupt keine Dilatatorfasern gefunden habe, während er gegen Grünhagen angiebt, in allen übrigen von ihm untersuchten Vogelaugen radiäre Fasern nicht vermisst zu haben. Meine Untersuchungen haben mich überzeugt, dass bei der gewöhnlichen Haustaube, wie sie auch Meyer verwendete, sehr wohl ein äusserst zarter, aber doch deutlich nachweisbarer Dilatator vorhanden ist. Zum Nachweis diene folgende Methode: Die Pupille wird durch Nicotin oder ein anderes der genannten Miotica in maximale Contraction versetzt; die vordere Bulbushälfte wird nun schleunigst herausgeschnitten und in 40° C. warmer Flemming'scher Lösung fixirt. Macht man Querschnitte, so findet man in einigen wenige vereinzelte längs getroffene Dilatatorfasern hinter den vom

---

[1]) Ueber den Bau der Vogeliris. Inaug.-Diss. 1886.

Schnitt senkrecht getroffenen Sphinkterfasern. Der Sphinkter nimmt hier den weitaus grössten Theil der Iris ein, er reicht vom Pupillarrand bis fast zum Ciliarrand. Besser sichtbar werden die radiären Muskelfasern, wenn man die Schnitte nach Griffith in Euchlorine (1 g HCL, 2 g $KClO_3$ + 300 Aq.) bleicht.

Hat man die vordere Bulbushälfte eines nicotinisirten Auges in warmer Flemming'scher Lösung fixirt, in Alkohol nachgehärtet, befreit man die Iris nun von Cornea, Sklera und Linse, entfärbt sie nach Griffith und breitet sie glatt aus, so ist die Membra nun so dünn, dass man sie in Balsam eingebettet und mit Deckglas bedeckt, bei mittelstarker (200—300 facher) Vergrösserung studiren kann. Man findet dann äusserst spärliche radiäre Muskelfasern, die deutliche Querstreifung zeigen; sie verlaufen etwa bis zur Mitte der Irisbreite und biegen hier in den Sphinkter nach rechts oder links ein. An Iriden, die nicht künstlich in Miose versetzt waren, konnte ich diese Beobachtung nicht machen.

Ist somit für die Ausführungen Meyer's betreffs des Antagonismus der Irismuskulatur die anatomische Basis gegeben, so habe ich für einen analogen Antagonismus in der Accommodationsmuskulatur durch allerverschiedenste Versuchsanordnungen keinerlei Anhalt gefunden. Wieso die Anatomie hier zu Irrthümern Anlass geben kann, werde ich unten berühren.

V. Cornealastigmatismus des Taubenauges durch Miotica.

Wie durch die elektrische Reizung, so liess sich auch durch die Miotica Cornealastigmatismus erzeugen.

Brachte ich z. B. Nicotin nur von unten her, (nach Resection der Lider) an den Bulbus, so bekam ich zunächst öfters einen inversen, bisweilen deutlich gemischten Astigmatismus.

Beobachtet man sorgfältig von Anfang an jede Phase der Nicotinwirkung, so kann man, auch wenn man nicht nur von unten her das Mittel an den Bulbus bringt, sondern einfach einen Tropfen von oben auffallen lässt, vorübergehend Astigmatismus inversus finden. Zum Theil kommt dies wohl daher, dass sich die Flüssigkeit doch schnell unten ansammelt und hier also die stärkste Wirkung entfaltet, zum Theil ist es aber auch wohl dadurch zu erklären, dass der Ciliarmuskel der Taube vorn nasal unten weit stärker entwickelt ist, als in den übrigen Parthieen. Die partielle (atypische) Contraction und die dadurch bedingte Verbiegung der Hornhaut kann man sich so vorstellen, dass a zu b hingezogen wird (s. Fig. 2). Ueber die Structur des Ciliarmuskels vgl. S. 19,20. Theoretisch denkbar ist auch eine Contraction des Muskels der Art, dass sich nur die Gruppe I isolirt zusammen zieht; dadurch müsste dann Punkt b nach hinten (und unten) gezogen werden, die Cornea müsste dann vertical myopisch, horizontal hyperopisch werden; so kann man vielleicht die auffallende Beobachtung erklären, dass sich ein inverser Astigmatismus bei elektrischer Reizung plötzlich in einen Astigmatismus nach der Regel umdrehen kann. Immerhin will ich auf diese Frage nach dem Entstehen des Cornealastigmatismus nicht zu viel Werth legen. Das Ophthalmometer (nach Javal) reicht für so kleine Krümmungsradien bei Weitem nicht aus.

Ferner lege ich deshalb weniger Werth auf diesen Astigmatismus, da es sich augenscheinlich um atypische (nicht physiologische) Verhältnisse handelt. Nur in An-

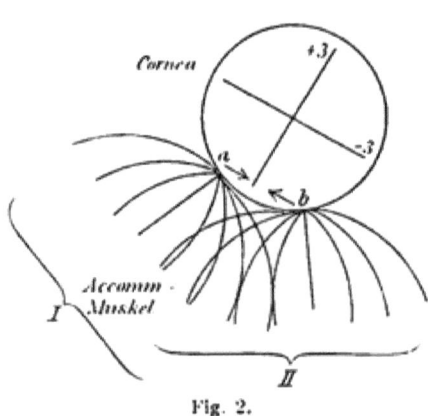

Fig. 2.

betracht dessen, dass viele Autoren noch für den Menschen eine astigmatische Accommodation annehmen, wollte ich für den Astigmatismus der Tauben auf die Cornea als Ursache hinweisen.

Versuche mit Sperbern.

Während bei den Tauben stets nach wenigen Minuten volle Alkaloidwirkung eintrat, gestaltete sich bei den Sperbern der Versuch etwas anders:

Dass diese Vögel spontan bis zu 7 D accommodirten, wurde oben schon erwähnt. Nun wurde R. Curare + Atropin instillirt. Noch nach einer ¹/₄ Stunde liess sich eine Spontanaccommodation von 2 D beobachten. Nach weiteren 15 Minuten blieb die Refraction constant + 1,5 D Hyperopie. Die Pupille blieb mässig weit.

Links wurde schon 10 Minuten nach der Instillation von Tetramethylammoniumjodid — 11,0 D constatirt. Fixirung nach Flemming.

Sperber II:

R.: Atropin + Curare: nach 30—35 Minuten Refraction constant + 1,0 D.

L.: Tetramethylammoniumjodid nach 8 Minuten: — 10,0 D. Fixirung in Sublimat (nach L. Müller).

Die Weiterverarbeitung beider Köpfe zeigte, dass die Flemming'sche Lösung den Accommodationsmuskel sowohl wie die Pupille weit besser fixirt hatte als das Sublimat. Die Linse des accommodirten Auges zeigte keine Verschiedenheiten gegenüber der des erschlafften.

VI. Fixirung der Vogelköpfe mit gelähmtem und accommodirtem Auge.

Die links mit einem Mioticum, rechts mit einem Mydriaticum behandelten Vogelköpfe wurden nun mit einem kräftigen Scheerenschlage vom Rumpf getrennt, schleunigst vom Federbalg befreit und in 40° C warme Flemming'sche Lösung gebracht.

War die linke Pupille sehr eng, die rechte sehr weit, so war die Fixirung in Flemming'scher Lösung anscheinend eine vollkommene, d. h. die Pupillenweite wurde, nach dem Augenschein zu urtheilen, genau so fixirt, wie sie in vivo war. Wurde statt der Flemming'schen Mischung Formol oder Sublimat angewendet, so verengte sich regelmässig bei Tauben und je einem Sperber und Segler die Curarepupille beträchtlich, während die miotische Pupille in maximaler Miosis fixirt wurde.

Hieraus scheint mir hervorzugehen, dass Formol wie Sublimat auf den Muskel reizend wirkten, also nicht als indifferente gute Fixirungsmittel, wenigstens für Muskeln, angesehen werden dürfen. Wir haben somit in der Fixirung der Pupillenweite ein scharfes Criterium für die Beurtheilung von Fixirungsflüssigkeiten, was die Schnelligkeit der Wirkung angeht. Wurde die Pupille statt durch Curare durch Strophantin erweitert, d. h. wurde sie im zweiten Stadium der Strophantinwirkung fixirt — nachdem die primäre Miosis der secundären Mydriasis Platz gemacht hatte — so bewirkte auch Formol oder Sublimat keine wesentliche Verengung der Pupille.

Die weitere Verarbeitung der Köpfe geschah in folgender Weise: Nachdem die Flemming'sche Lösung 24 Stunden bei 40° C. im Brütofen eingewirkt hatte, wurden durch 2 Frontalschnitte vorn der Schnabel und hinter den Augen vom Kopfe so viel weggeschnitten als entbehrlich war. Die Objecte wurden dann einige Tage in fliessendem Wasser ausgewaschen, in ansteigendem Alkohol vorsichtig nachgehärtet, in 70%igem Alkohol durch Zusatz von 5 Salpetersäure auf 100 innerhalb 24 Stunden entkalkt, völlig entwässert und in Celloidin eingebettet. Im absoluten Alkohol wurde durch einen Horizontalschnitt jeder Bulbus von oben her eröffnet, sodass das Celloidin in vorderen Kammer- und Glaskörperraum eindringen konnte. Die Blöcke wurden dann mit der unteren Kopfseite nach oben aufgeklebt und geschnitten, bis das erste Scheibchen der einen Linse in den Schnitt fiel. Jetzt wurde der Klotz so gerichtet, dass mit dem nächsten Schnitt zwei gleich grosse Linsenkalotten abfielen. Die folgenden Schnitte waren dann horizontal geführt, und die rechte Seite entsprach völlig der linken. Wie auch die Durchmusterung der Serien lehrte, haben etwaige Bewegungen der Bulbi in den Augenhöhlen keinen störenden Einfluss, da meist auch die Mitten der Opticuseintritte in demselben oder doch in nahe benachbarten Schnitten lagen. Auch dass die Linse in der „latenten Accommodation" die von Hess und dann auch von mir beschriebenen Ortsveränderungen eingehe, ist hier von vornherein nicht zu erwarten, da die processus ciliares schon in der Ruhe bis an den Linsenäquator heranreichen. Das Experiment lässt auch keine derartigen Linsenverschiebungen erkennen.

Untersucht wurden im Ganzen auf diese Weise etwa zwölf Taubenköpfe. Die interessantesten in sämmtlichen Fällen constant wiederkehrenden Verhältnisse bot der Ciliarmuskel.

Weiter unten werde ich auf einige andere Verschiedenheiten des accommodirten und nicht accommodirten Bulbus zu sprechen kommen, die nicht so constant und deshalb sehr vorsichtig zu beurtheilen sind.

Der contrahirte und der erschlaffte Ciliarmuskel.

Soweit ich in der Literatur sehe, ist hier zum ersten Mal ein Muskel zwecks Studiums seiner Structur und seiner Function in situ in Contraction versetzt und so fixirt worden. Da nun nach Merkel dieselbe Muskelfaser wahrscheinlich fähig ist, sich auf verschiedene Art zu contrahieren, so wird dem mikroskopischen Experiment hier ein neues Arbeitsfeld eröffnet.

Mir kam es nun nicht darauf an, festzustellen, welcher Art die Nicotincontraction des Muskels ist und wie sich eine durch ein anderes Gift hervorgerufene von jener mikroskopisch in gröberer und feinerer Structur unterscheiden lässt. Mir lag folgende Frage vor: Was können wir aus den Bildern schliessen, die uns der contrahirte Muskel zeigt, im Gegensatz zum ruhenden.

Fig. I (Taf. I) stellt einen Horizontalschnitt durch einen Taubenkopf dar. Das L. A. ist accommodirt, das R. A. gelähmt. Dort hochgradige Miose, hier Mydriasis. Die vorderen (= nasalen) Ciliarpartieen sind in den zwei halbschematischen Zeichnungen Fig. II und III auf Taf. II zum besseren Vergleich parallel (die des rechten Auges also im Spiegelbild) wiedergegeben.

Die Mikrophotographieen (Taf. III), für deren Anfertigung ich meinem Collegen, Herrn Dr. Treutler bestens zu danken habe, zeigen vielleicht noch besser und objectiver die Verhältnisse. Rechtes und linkes Auge entsprechen symmetrischen (nicht parallelen) Stellen.

$C =$ Cornea,
$M =$ Muskel.
$S =$ Sklera.
$I =$ Iris.

Fig. B zeigt das Bild des ruhenden Muskels. Die Faserzeichnung des Muskels ist sehr grazil, die Fasern verlaufen der Skleralwand annähernd parallel. Zwischenräume sind zwischen den Fasern kaum zu sehen.

Mit guten Objectiven erkennt man die in Fig. D schön wiedergegebene Querstreifung, die bekanntlich den Binnenmuskeln des Vogelauges zukommt. Auch bei dieser stärkeren Vergrösserung sehen wir schön die Schmalheit und Länge der Fasern, das Fehlen der Zwischenräume und den der Skleralwand parallelen Verlauf.

Ganz anders das Bild des contrahirten Muskels:

Fig. A zeigt, dass die Fasern sich zu Faserbündeln zusammengelegt haben. diese bilden wieder Faserbündelgruppen. Zwischen den Bündeln und noch deutlicher zwischen den Bündelgruppen (s. Fig. C) treten jetzt Zwischenräume hervor, während die Faserbündel selbst eine dunklere — dichtere — Färbung in Flemming'scher Lösung angenommen haben. Die Querstreifung ist meist völlig verschwunden, wo sie noch vorhanden ist, zeigt sie einen anderen, weit feineren Typus (s. bei ! in Fig. C) als im ruhenden Muskel. Was an dem contrahirten Muskel am meisten in die Augen fällt, ist die eigenthümliche Aufrichtung der Fasern gegen die Sklera. Die Fasern, die in der Ruhestellung ganz parallel der Sklera zu verlaufen scheinen, wenden sich hier im Verlauf nach vorn plötzlich von ihr ab und bilden so mit ihr einen nach vorn offenen Winkel. Dieses eigenthümliche Verhalten führte mich zum genaueren Studium des Baues des Accommodationsmuskels. Man kann — glaube ich — hieraus ungezwungen dann die Accommodationstheorie ableiten.

In Fig. 3 habe ich schematisch den Faserverlauf eingezeichnet, wie man ihn sich früher wohl im Vogelauge dachte.

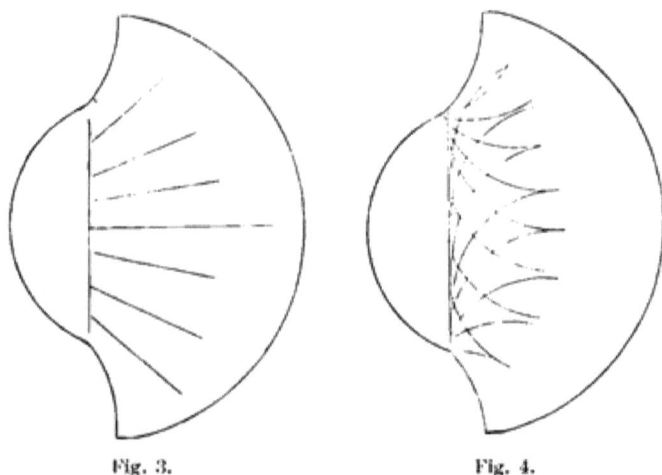

Fig. 3. Fig. 4.

Radiär resp. ringsverlaufende Fasern waren bei Vögeln und Säugern mit Ausnahme der Affen unbekannt. Als ich nun in dem contrahirten Accommodationsmuskel die soeben beschriebene Aufrichtung der Muskelfasern gegen die Sklera fand, glaubte ich es durch einen Aufbau des Ciliarmuskels erklären zu können, wie er in Fig. 4 schematisch dargestellt ist. Contrahiren sich diese Fasern, die vielleicht vorn noch etwas schärfer gebogen verlaufen, als in der Figur gezeichnet ist, so muss auf dem Querschnitt ein Bild ähnlich dem oben beschriebenen entstehen. Ein Studium der Schnittserien lehrte indess, dass eine Combination von 3 und 4 vorliegt. Die Verhältnisse haben also eine entfernte Aehnlichkeit mit denen des Menschen, wie sie schon vor einer

Reihe von Jahren beschrieben sind (Sattler, Sitz.-Ber. der Ophthalm. Ges., Heidelberg 1887), nur dass sich hier, im Vogelauge, mit Hilfe der Fixation des Contractionsstatus auf der Peripherie des vorderen Insertionsringes verschiedene Muskelcentren, Insertionsknotenpunkte, nachweisen lassen. Auf Schnitten, welche die Cornea tangential treffen, sind im accommodirten Auge solche (Knoten =) Convergenzpunkte der Muskelfasern direct zu sehen, nicht aber im gelähmten Auge. Ich stelle mir deshalb den Aufbau des Ciliarmuskels so vor, wie Fig. 5 schematisch zeigt. Wie viele solcher Knotenpunkte es giebt, kann nicht sicher gesagt werden, vielleicht 10—15 auf dem ganzen Umkreise.

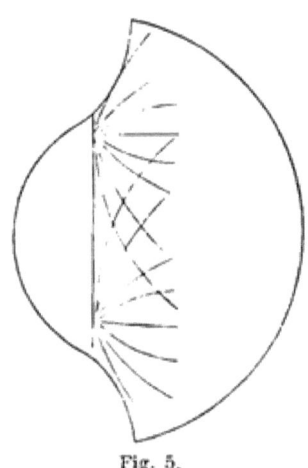

Fig. 5.

Es entspricht dieser Aufbau dem allgemeinen Princip, dem wir mehrfach bei analogen Bildungen begegnen.

Verlaufen doch auch die Radiärfasern des Dilatator pupillae nicht einfach radiär auf ihren Insertionspunkt zu, sie biegen vielmehr im Bogen in den Sphinkter um. Das rein mechanische, sozusagen das technische, wird verschleiert; ob dadurch die Leistungsfähigkeit beschränkt oder vielleicht erhöht wird, wird sich schwer sagen lassen.

Aus dieser eigenthümlichen Verlaufsrichtung der Fasern erklärt sich vielleicht ungezwungen, wie man dazu gekommen ist, einen Crampton'schen Muskel von einem Tensor chorioideae trennen zu wollen: es sind nur besonders differencirte Gruppenbildungen. Zumal in den accommodirten Augen können leicht drei Muskeln unterschieden werden: ein vorderer, dessen Fasern mit der Sklera einen nach vorn offenen, ein hinterer, dessen Fasern mit der Sklera einen nach hinten offenen Winkel bilden (Tensor chorioideae) und ein mittlerer, dessen Fasern der Sklera parallel verlaufen. Das letztere erklärt sich aus der eigenthümlichen Form der Sklera im Vogelauge, welche bekanntlich von innen gesehen nicht concav ist (wie im menschlichen Bulbus), sondern dem Muskel als Unterlage eine glaskörperwärts convexe Fläche bietet. Folgen die bogenförmig (in den drei Dimensionen des Raumes) verlaufenden Muskelfasern bei der Contraction ihrem Bestreben, einen gradlinigen Verlauf anzunehmen, so müssen sie im ersten Verlaufsdrittel anscheinend auf die Sklera zusteuern, dann ihr parallel gehen und im vordersten Drittel von ihr abbiegen. Dass die Fasern in den drei Dimensionen des Raumes bogenförmig verlaufen, dass sie also bei der Contraction in ganz andere Ebenen zu liegen kommen, zeigt sich auch daran, dass der contrahirte Muskel besonders im vorderen Drittel viel mehr Quer- und Schrägschnitte aufweist als im ruhenden Zustand.

Wenn somit nach den oben (S. 4) angeführten Nadelversuchen Beer's auch ein geringes Zurückrücken der vorderen Muskelparthieen bei der Contraction anzunehmen ist, so kann doch nach Darlegung der ganzen Structurverhältnisse, zusammen genommen mit dem Lageverhältniss zur Zonula, kein Zweifel sein, dass es die Aufgabe des Muskels ist, den Ring zu verkleinern, in dem die Linse ausgespannt ist. Dass das radiäre Bandsystem, welches die Spannung der Linse zu besorgen hat, nicht das Lig. pect. (nach Beer), sondern eine wohl ausgebildete Zonula ist, habe ich oben an der Hand der Abbildungen erläutert.

Anhangsweise sei noch auf Fig. *E* und *F* hingewiesen. *F* ist ein gelähmter, anscheinend degenerirter Muskel, der normale Verhältnisse, nur keine Querstreifung zeigt[1]. Trotzdem muss man ihn sofort als nicht contrahirt erkennen, da seine Fasern schlank sind, keine Bündel- und Gruppen-

---

[1] Solche Degenerationen kann man experimentell durch monatelange Behandlung des Auges mit Helleborin u. Aehnl. hervorrufen.

bildungen und keine Zwischenräume zeigen. In Fig. E wird man dagegen sofort einen mässig contrahirten Muskel erkennen, da die Fasern Bündel bilden. Das Ganze ist als Bündelgruppe aus dem äquatorialen Theil des Accommodationsmuskels aufzufassen, wo die Verlaufsrichtung zur Sklera keine so typische Abweichung zeigt, wie in den vorderen Parthieen. Es würde etwa der Stelle entsprechen, wo in Fig. A das M steht.

Andere Verschiedenheiten im accommodirten und nicht accommodirten Auge: Cornea. Ora serrata. Linse.

Waren die oben geschilderten Verschiedenheiten des Ciliarmuskels im accommodirten und nicht accommodirten Auge in allen Taubenköpfen gleichmässig zu beobachten, so sollen im Folgenden auch einige nicht so constante Verschiedenheiten erwähnt werden, welche immerhin vielleicht für spätere Untersuchungen von einigem Werth sein können.

Was zunächst die Cornea betrifft, so war in der That in einem Taubenkopf im accommodirten Auge eine stärkere centrale Krümmung neben einer peripheren Abflachung nachzuweisen[1]). Es war dies jedoch durchaus nicht constant in allen Fällen. Ausserdem können bei der Zartheit des Objectes durch die Celloidineinbettung sehr leicht geringe Schrumpfungen und Verbiegungen eintreten, sodass ich auf diese Beobachtung keinen grossen Werth legen möchte.

Ebenso war es mit einer anderen Beobachtung: In einem Taubenkopf war im accommodirten Auge die Ora serrata dem Linsenäquator merklich genähert, während diese Distanz in beiden Augen sonst immer auffallend genau gleich war. Da auch dieses eine vereinzelte Beobachtung ist, möchte ich nicht zu viel aus ihr folgern.

Anders schon ist es vielleicht mit der Gestalt der

---

[1]) Es wäre möglich, dass dies der anatomische Ausdruck für den oben (S. 13 ff.) beschriebenen Cornealastigmatismus inversus wäre.

Linse. Uebereinstimmend in sämmtlichen Präparaten fand ich im gelähmten Auge die vordere Polgegend der Linse abgeplattet, ja in einem kleinen centralen Bezirk sogar concav. In dem accommodirten Auge fand sich die entsprechende Stelle schön gleichmässig gewölbt (s. Fig. 6).

Man ist natürlich leicht geneigt, diese eigenthümlichen Formen für Producte von Schrumpfungsvorgängen zu betrachten, weil die Linse im mydriatischen Auge unter anderen Bedingungen fixirt wurde und der Einwirkung der Reagentien eine weit freiere Angriffsfläche darbot, als im miotischen Auge.

Zwei Befunde lassen diesen Einwand aber als nicht unbedingt zu Recht bestehend erscheinen:

1. In einem gelähmten Affenauge fand ich eine ganz ähnliche Abplattung, sogar mit geringer centraler Vertiefung, aber nicht am vorderen, sondern am hinteren Linsenpol, während im accommodirten Auge der Linsenpol gewölbtere Formen zeigte.

2. In einem Taubenauge,

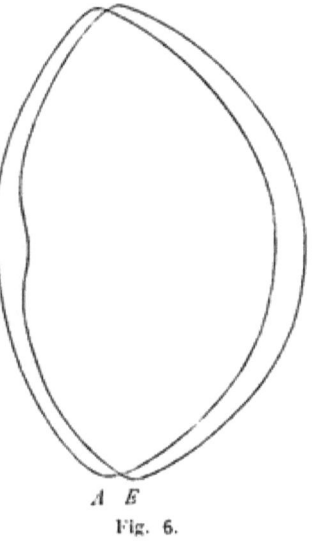

Fig. 6.

dem die Iris herausgerissen war, und das nach guter Wundheilung, etwa drei Wochen nach der Operation, in Nicotinwirkung fixirt war, zeigte sich die centrale Delle nicht. Der Ciliarmuskel wies die schönste, oben näher geschilderte Contractionsstellung auf, die Linse hatte also wahrscheinlich die accommodirte Form angenommen; trotz maximal weiter Angriffsfläche für die Fixirungsflüssigkeit war aber keine centrale Delle aufgetreten. Der Einwand bleibt bestehen, dass die centrale Schrumpfung nur bei nicht accommodirter Linse eintrete.

dass die geschilderte Form aber doch keinen vitalen Zustand darstelle. Bei enger Pupille eine gelähmte Linse in dieser eigenthümlichen Form zu fixiren, ist mir nicht gelungen, d. h. ich hatte kein Mittel, hinreichende Miose ohne Accommodation hervorzurufen. Jedenfalls darf man den mikroskopischen Präparaten, zumal bei so difficilen Fragen, wie die vorliegenden sind, nicht eher trauen, als bis am lebenden Thier derartige Linsenformen durch die Betrachtung der Reflexbildchen sicher nachgewiesen sind, was mir bisher nicht gelungen ist.

Immerhin giebt dieses eigenthümliche Verhalten der Linse gegenüber der Flemming'schen Lösung doch zu denken: Wir sehen wieder, wie ganz verschieden sich Linsenkern und Linsenrinde verhalten, wie falsch es also ist, die Linse als homogenes Gebilde aufzufassen, das einfachsten physikalischen Gesetzen folgt. Wir müssen sie vielmehr als hoch organisirt ansehen [1]).

Nirgends erhielt ich in den Taubenaugen Verschiedenheiten in der Grösse des äquatorialen Durchmessers der accommodirten und nicht accommodirten Linse, weder durch Flemming'sche Lösung noch durch Sublimat oder Formol. Es müssen sich also entweder die Taubenlinsen ganz anders verhalten als die menschlichen nach der gewöhnlichen Ansicht (vgl. auch L. Müller's Angabe auf Seite 25), oder aber, wir dürfen unseren mikroskopischen Fixirungsmethoden betreffs der Linse nicht unbedingt trauen. Entweder beschränken sich also die Linsenveränderungen bei der Accommodation der Taube auf Veränderungen im vorderen Pol, oder aber es ist mit unseren jetzigen Methoden noch nicht möglich, die Linse den vitalen Verhältnissen entsprechend zu fixiren.

---

[1]) Nach den Untersuchungen von Mörner (H.-S. Zeitschr. f. physiol. Chemie, Bd. XVIII) ist Kern und Rinde auch chemisch verschieden. Insbesondere zeigen die Eiweisskörper des Kernes andere (meist schwerere) Löslichkeitsverhältnisse als die der Rinde. Auch ist an die Verschiedenheit der Brechungscoëfficienten in Kern und Rinde zu erinnern.

In der Dicke resp. Grösse der Processus ciliares, sowie in der Blutfülle fand ich keine constanten Unterschiede.

Kritik früherer Versuche, den Accommodationsact mikroskopisch zu fixiren.

Leop. Müller veröffentlichte im Jahre 1895 in der Wiener klinischen Wochenschrift einen kurzen Aufsatz: „Ueber Entfärbung des Pigments in mikroskopischen Schnitten und eine neue Untersuchungsmethode des accommodirten und nicht accommodirten Augen" (L. c. Nr. 4). Diese kurze Mittheilung kann ich keineswegs für überzeugend halten. Eine ausführliche Mittheilung scheint dieser kurzen Veröffentlichung bisher nicht gefolgt zu sein. L. Müller hat zwei Bulbi, die wegen Tumor chorioideae entfernt werden mussten, unter Atropin resp. Eserinwirkung (in vivo) gesetzt und nach der Enucleation schleunigst in warmer Sublimatlösung fixirt, nachgehärtet, eingebettet und in Schnittserien zerlegt, „bis man zur Mitte der Pupille kam". Er fand im Eserinauge Vorrückung der Ciliarfortsätze gegen die Bulbusaxe, Angeschwollensein des Corpus ciliare in seinen vorderen Parthieen, Dünnheit der hinteren Hälften. Die hintere Kammer fand er im Eserinauge tiefer (durch Nachhinterrücken des Linsenäquators). Ferner fand er eine Veränderung in der Form der Linse derart, dass der Radius der Vorderfläche im Eserinauge 6 mm (gegen 10 mm im Atropinauge), der der hinteren Linsenfläche 4 mm (gegen 5,5 mm dort) betrug. Der äquatoriale Linsendurchmesser betrug im Eserinauge 7 (gegen 7,7), der sagittale 4,2 (gegen 3,3), der Durchmesser der Pupille 2,5 (gegen 4,2).

Demgegenüber ist zu bemerken, dass beide Bulbi natürlich nicht demselben Individuum angehörten, dass also der Möglichkeit individueller Verschiedenheiten weiter Spielraum gelassen ist. Ferner ist von keinem der beiden Bulbi die Refraction (weder vor noch nach Anwendung des Alkaloids) angegeben. Es ist also immer der Einwand möglich, dass der eine Bulbus myopisch oder hypermetropisch gewesen sei. auch wenn das gesunde Auge emmetropisch war. Ferner scheint mir die Schnittführung nicht hinreichend gesichert: es wurden Serien angelegt, „bis man zur Mitte der Pupille kam". Es ist vielleicht zweckmässiger, die ganze Pupille in eine Serie zu schneiden und den mittelsten Schnitt herauszusuchen; man kann sich dann überzeugen, dass dieser nicht mit dem Schnitt zusammenfällt, der den grössten Linsenquerschnitt aufweist. Diese Beobachtungen habe ich wenigstens an Serien entsprechend behandelter Affenbulbi gemacht. Es hat dies vielleicht seinen Grund darin, dass sich die Pupille in den untersuchten Augen excentrisch erweitert bezw. verengert hatte. Vielleicht spielt hier auch schon die latente Accommodation hinein. Im Auge von Herrn Prof. Hess, wie auch in meinem, fällt die Linse bei maximaler Accommodation $\frac{1}{2}$ mm aus der Mittellage nach unten. Macht sie dabei nun eine Kippbewegung, so muss, wenn sie gerade in dieser Lage fixirt, eingebettet und geschnitten wird, ein Linsentheil der Pupillenmitte entsprechen, der nicht der Linsenmitte entspricht und ein anderes Querschnittsbild giebt. Ist vielleicht die Schnittrichtung im selben Sinne wie die mögliche Kippbewegung der Linse nicht genau horizontal, sondern etwas vorn oder hinten geneigt, so kann dies die Fehlerquelle noch vergrössern. Es wird dann leicht eine Verkleinerung der Radien und des Aequators, eine Vergrösserung des Sagittaldurchmessers vorgetäuscht.

Nehmen wir alles dieses zusammen: Die Möglichkeit individueller Verschiedenheiten beider Augen, gleiche Refraction vorausgesetzt, die Möglichkeit ungleicher Refraction, die Möglichkeit verschiedener Schrumpfung (über Sublimat siehe oben meine Kritik der Fixirungsmethoden), die Möglichkeit unsymmetrischer Schnittführung, schliesslich das zum grossen Theil negative Resultat der Untersuchung eines zweiten auf gleiche Weise verarbeiteten Bulbuspaares, so muss man sagen, möglicher Weise führen weitere Untersuchungen auf diesem Gebiete zu sicheren Resultaten, für überzeugt kann man sich nach den bisherigen aber noch nicht erklären. Oben habe ich ausgeführt, wie ich diese Fehlerquellen zu vermeiden gesucht habe; dass ich mich trotzdem in der Frage nach der Gestaltsveränderung der Linse weit zurückhaltender aussprechen muss als Leop. Müller, erklärt sich aus meinem Misstrauen gegenüber den mikroskopischen Fixirungsmethoden gerade betreffs der Linse.

Ist so schon manches Bedenken gegen die Resultate Müller's geltend zu machen, so muss noch einmal besonders darauf hingewiesen werden, dass seinen ganzen Untersuchungen ein einziges Augenpaar zu Grunde liegt. Ein zweites auf gleiche Weise verarbeitetes Paar gab ihm nicht dasselbe Resultat. Eine einmalige Beobachtung bleibt stets vielen unberechenbaren Zufälligkeiten ausgesetzt, zumal nach den oben dargelegten Bedenken betreffs der Technik.

Was aber an Müller's Arbeit am meisten stutzig machen muss, ist folgendes: Müller sagt „Am Kaninchenauge treten die Verschiedenheiten der Iris und des Ciliarkörpers in mit Atropin und Eserin behandelten und nach meiner Methode fixirten Bulbis noch deutlicher hervor, wie aus Fig. 1 und 2 (seiner Arbeit) erhellt. Hier scheint das Atropin resp. Eserin mächtige Veränderungen nicht bloss in der Form der Cornea, sondern des ganzen Bulbus nach sich zu ziehen."

Dem gegenüber ist zu bemerken, dass noch Niemand nachgewiesen hat, dass Kaninchen überhaupt accommodiren, wohl aber ist von verschiedenen Seiten ausgesprochen, die Kaninchen accommodirten überhaupt nicht.

Es ist mir wohl bekannt, dass Nadeln, die man nach Hensen und Völkers in den Bulbus einsticht, unter Umständen bei elektrischer Reizung die nach der v. Helmholtz'schen Theorie zu erwartenden Bewegungen zeigen.

Ob sich dabei aber die Refraction ändert, ist von Höltzke mit Muscarin, Eserin und Pilocarpin (Heidelb. Sitzungsber. 1885, S. 127) mit negativem Resultat untersucht, von Hess ist dieser negative Befund seiner Zeit bestätigt. Spontan habe ich ein Kaninchen nie accommodiren sehen. Mit Eserin habe auch ich bisher nie eine Refractionsänderung hervorrufen können, elektrische Reizung des Corneosklerallimbus beeinflusst die Refraction garnicht, Nicotin liess die Brechkraft in einem Falle einmal um 1,5 D zunehmen, und zwar stieg die Refraction von $+4,0$ D auf $+2,5$ D (skiaskopisch).

Was die Atropinwirkung betrifft, so führe ich gegen Müller folgendes Experiment an: Setzt man ein Kaninchen in einem Thierhalter gut fixirt vor das Javal-Schiötz'sche Ophthalmometer, so kann man Atropin so viel und so lange eintropfen, wie man will, die Spiegelbilder behalten genau dieselbe Grösse und Lage bei.

„Die mächtigen Veränderungen nicht bloss in der Form der Cornea ..." sind also vermuthlich keine vitalen Erscheinungen. Ich kann mich dem Gedanken nicht verschliessen, dass die Maassnahmen zum Zwecke der Fixirung und Härtung oder Einbettung hier Verkrümmungen hervorgerufen haben, die Müller als Atropinwirkung gedeutet hat. Es ist auch garnicht einzusehen, wodurch Atropin die Cornealkrümmung vergrössern, den Cornearadius verkleinern soll (siehe seine Figur). Das Auge müsste dann ja kurzsichtig werden, wenn nicht eine Linsenabflachung oder eine Verkürzung der Bulbusachse dieses compensirte.

Resultate.

Fasse ich kurz die Resultate der obigen Ausführungen zusammen, so kann ich folgende Sätze aufstellen:

1. Wie die Untersuchungen von Beer, so haben auch die meinigen zu dem Ergebniss geführt, dass die Accommodation des Vogelauges im Princip auf gleiche Weise stattfindet wie die des Menschenauges. Die Wölbungsverände-

rung der Cornea ist unter physiologischen Verhältnissen im Taubenauge ein unwesentlicher Factor für die Refractionsvermehrung. Die Spannung der Linsenkapsel in der Ruhestellung des Auges ist durch die Zonula, nicht, wie Beer meint, durch das „Ligamentum" pect. bedingt.

2. Eine functionelle Trennung von Musculus Cramptonianus und tensor chorioideae ist nicht erwiesen.

3. Für das Vorhandensein eines Antagonismus im Accommodationsmuskel, in dem Sinne, dass ein Muskel die Entspannung, ein anderer die Anspannung der Zonula bewirke, haben verschiedene daraufhin unternommene Versuchsreihen keinen Anhaltspunkt ergeben.

4. Die gewöhnliche Refraction des Taubenauges ist eine Hyperopie von 1 bis 2 D.

5. Das Taubenauge ist im Stande, auf elektrische Reizung um 12 D und mehr zu accommodiren.

6. Das Auftreten stark astigmatischer Gesammtrefraction bei elektrischer Reizung ist (wenigstens zum grössten Theil) bedingt durch eine Verbiegung der Cornea, welche durch partielle oder atypische Contraction des Ciliarmuskels hervorgerufen wird.

7. Sämmtliche Miotica, d. h. alle die Gifte, die im Taubenauge Miose hervorrufen, bewirken auch mehr oder minder hochgradige Accommodation.

8. Es ist nach der von mir angegebenen Methode möglich, eine Iris sowohl im Zustand höchster Miose wie auch im Zustande höchster Mydriasis zu fixiren und mikroskopisch zu untersuchen.

9. Bei Application von Mioticis ist Accommodation bis zu 7 oder 8 D zu beobachten.

10. Astigmatische Gesammtrefraction ist wie durch elektrische Reizung, so auch durch Gifte hervorzurufen.

11. Es ist möglich, das eine Auge der Taube im gelähmten, das andere im accommodirten Zustande zu fixiren und der mikroskopischen Untersuchung zugänglich zu machen.

12. Constant auftretende Verschiedenheiten beider Augen nöthigen zu dem Schlusse, dass der Accommodationsmuskel, welcher functionell als Einheit aufzufassen ist, durch seine Contraction die Zonula entspannt.

Die Verschiedenheiten, welche sich in der Form der accommodirten und nicht accommodirten Linse finden, nachdem sie unseren Fixirungs- und Härtungsmethoden unterworfen ist, beschränken sich vor der Hand auf die vordere Polgegend und sind nicht ohne Weiteres als physiologische anzusehen.

Meinem verehrten Chef, Herrn Prof. Hess, bin ich für die freundliche Unterstützung durch Rath und That zu vielem Danke verpflichtet.

Erklärung der Abbildungen auf Taf. I—III.

Taf. I. Fig. I. stellt einen genau horizontalen Schnitt durch einen Taubenkopf dar. Ueber die Technik s. S. 15 ff. Die Ciliarmuskeln sind roth eingezeichnet. Oben in der Figur würde sich der Schnabel anschliessen.

Taf. II. Fig. II stellt die linke vordere (nasale) Ciliarparthie dar, welche in Fig. I. (Taf. I) durch den kleinen Kreis eingeschlossen ist.

Fig. III zeigt das Spiegelbild der rechten vorderen (nasalen) Ciliarparthie. Figg. II und III sind halbschematisch.

Taf. III. Lichtdruckreproductionen von Mikrophotographieen.
$C =$ Cornea, $I =$ Iris, $M =$ Muskel, $S =$ Sklera.
Fig. A. Linke vordere (nasale) Ciliarparthie contrahirt.
„ B. Rechte „ „ „ in Ruhe.
„ C. Contrahirter Ciliarmuskel stärker vergrössert.
„ D. Ruhender „ „ „
Man achte auch auf die verschiedene Art der Querstreifung.
Fig E. zeigt eine contrahirte Bündelgruppe aus den hinteren Parthieen des Ciliarmuskels.
F. einen ruhenden Muskel, welcher wenig Querstreifung zeigt, weil er degenerirt ist. Beschreibung s. S. 21 ff.

Taf. I.

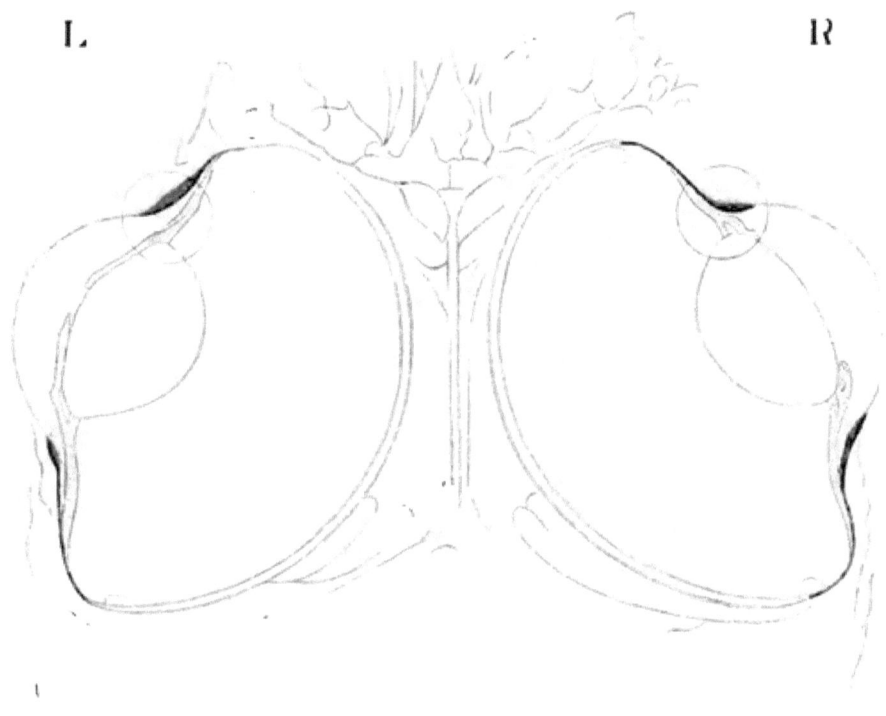

Fig. I.

Genau horizontaler Schnitt durch einen Tauben-Kopf. L. A. accommodiert. R. A. erschlafft.

Die von den kleinen Kreisen eingeschlossenen Ciliarpartien sind in Figg. II. u. III. vergrössert.

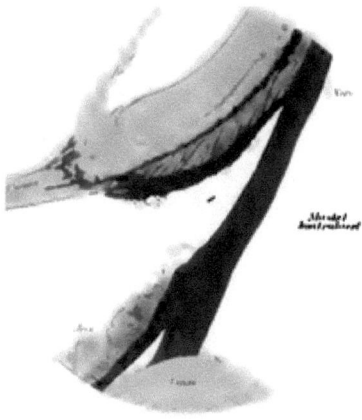 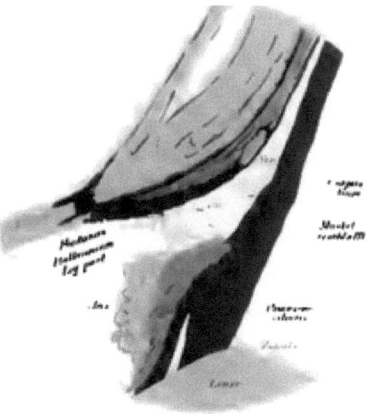

Taf. III.

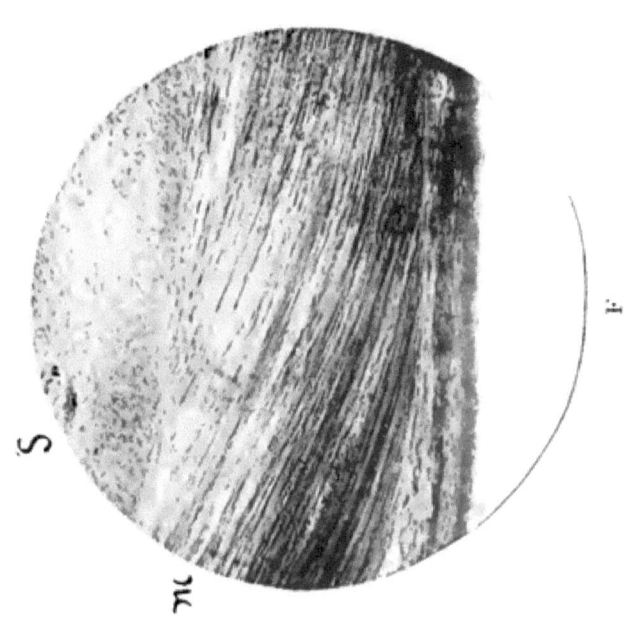

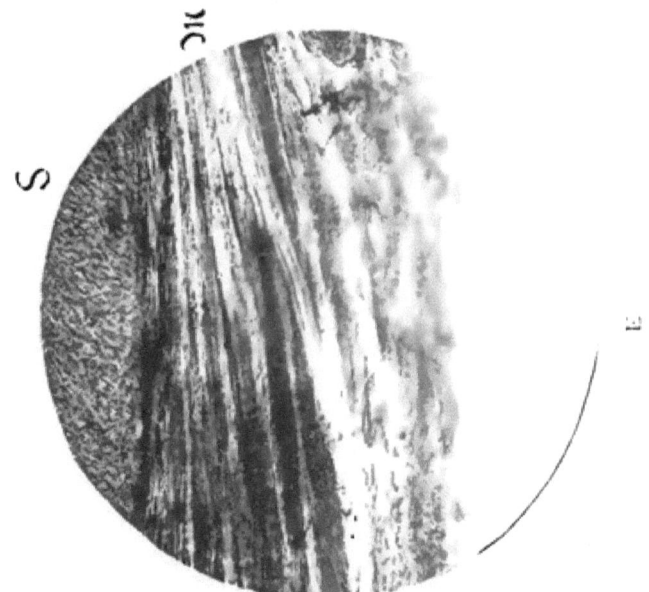

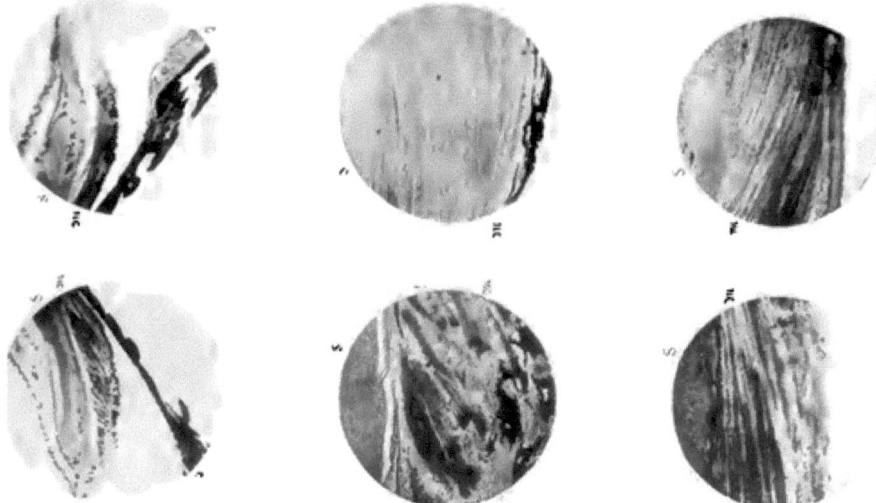